HANDWRITING FOR KINDERGARTEN

Author Lynn Franklin

Copyright © 2020 by Lynn Franklin. All Rights Reserved.

No part of this publication may be reproduced, distributed, or transmitted in any form or by any means, including photocopying, recording, or other electronic or mechanical methods, or by any information storage and retrieval system without the prior written permission of the author, except in the case of very brief quotations embodied in critical reviews and certain other noncommercial uses permitted by copyright law.

beaver

beaver

b b b b b b

b b b b b b

crab crab

crab crab

c c c c c c

c c c c c c

eagle eagle

eagle eagle

e e e e e e

e e e e e e

fox fox fox

fox fox fox

f   f   f   f   f

f   f   f   f   f

gorilla

gorilla

g g g g g g

g g g g g g

hedgehog

hedgehog

h h h h h

h h h h h

ibex ibex

ibex ibex

i i i i i i i i

i i i i i i i i

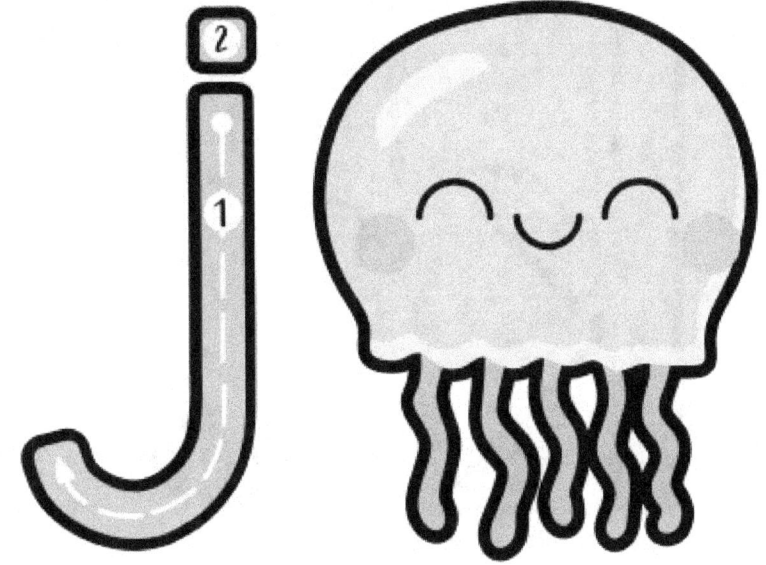

jellyfish

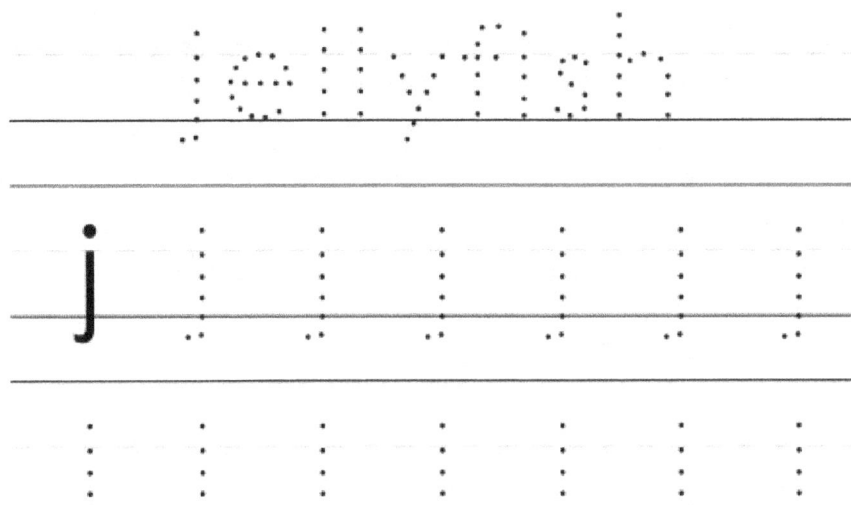

kangaroo

kangaroo

k k k k k k k

k k k k k k k

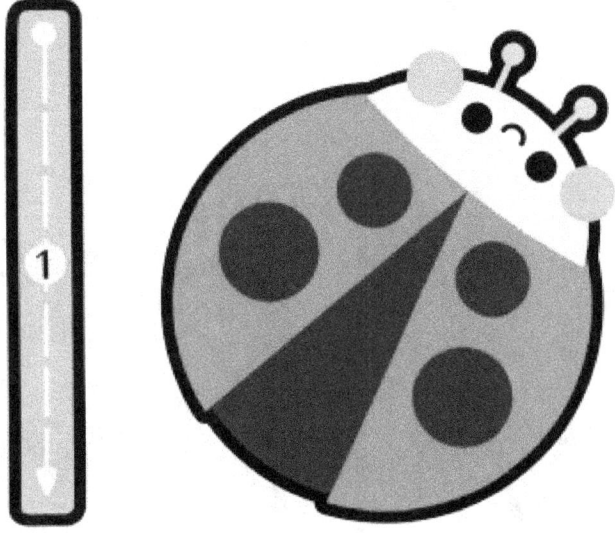

ladybug

ladybug

Narwahl

octopus

octopus

o o o o o o o

o o o o o o o

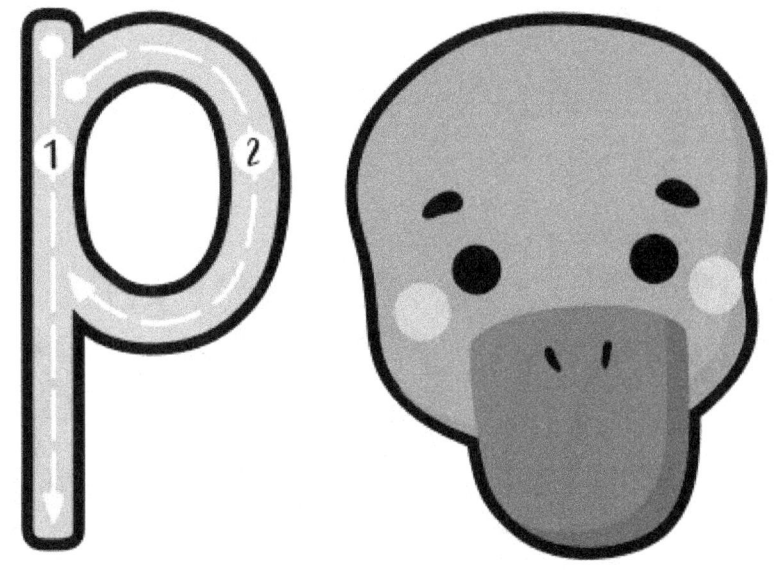

platypus

platypus

p p p p p p

p p p p p p

raccoon

raccoon

r r r r r r r r

r r r r r r r r

sheep

sheep

S s s s s s s s

s s s s s s s s

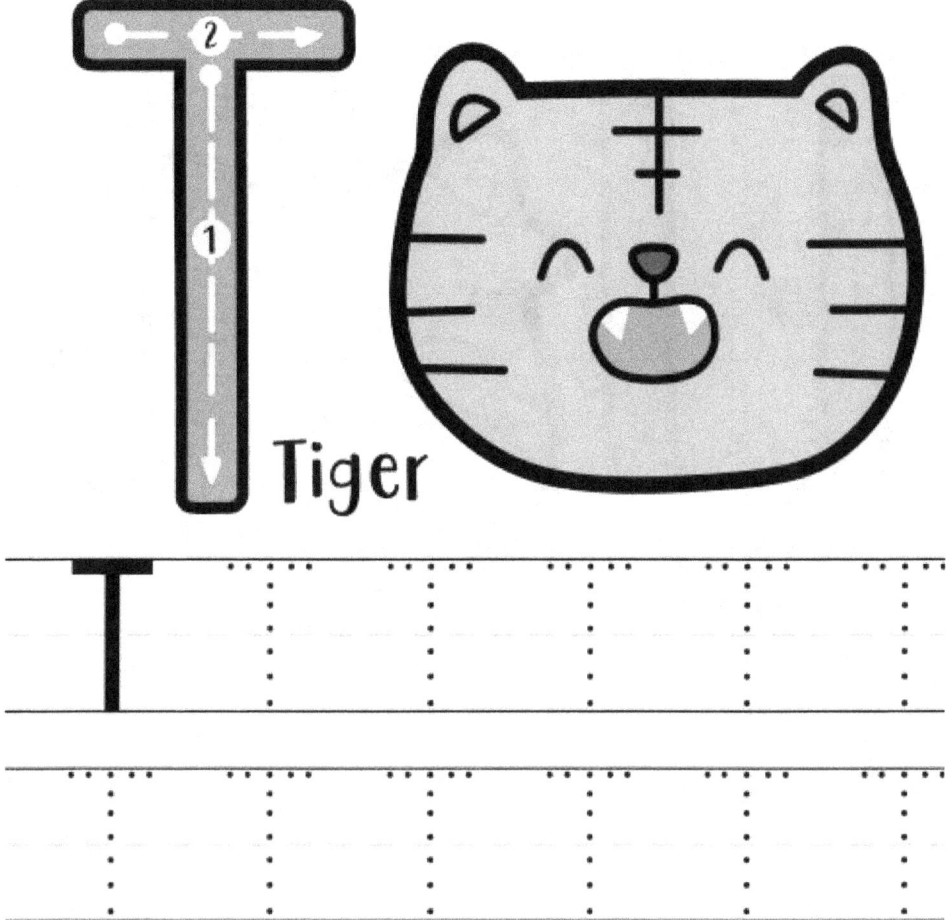
Tiger

vipers

vipers

v v v v v v v

v v v v v v v

whale

whale

W w w w w w

w w w w w w

Y is for Yarn

zebu zebu

zebu zebu

z z z z z z

z z z z z z

ABCDEF
GHIJKL
MNOPQR
STUVWX
YZ1234

1
ONE

1 1 1 1 1 1 1 1

1 1 1 1 1 1 1 1

One One

2
TWO

2 2 2 2 2

2 2 2 2 2

Two Two

3
THREE

3 3 3 3 3 3

3 3 3 3 3 3

Three Three

4
FOUR

4 4 4 4 4 4

4 4 4 4 4 4

FOUR   FOUR

Five oranges

5 5 5 5 5

5 5 5 5 5

five five five

five five five

6
SIX

7
SEVEN

7 7 7 7 7

7 7 7 7 7

Seven Seven

8
EIGHT

8 8 8 8 8 8

8 8 8 8 8 8

Eight Eight

9
NINE

9 9 9 9 9

9 9 9 9 9

Nine   Nine

10
TEN

10 10 10 10 10

10 10 10 10 10

Ten Ten

4 3 6 10 1 7 7 1 6 8 7
1 2 5 1 4 8 6 1 1
7 1 2 5 1 4 15 8 1 9
6 9 2 10 4 9 7 6
9 2 3 6 8 5 3 2 1
5 2 4 3

3 2 4 6 8 5 1 7
4 3 3 6 10 4 8
1 5 7 12 5 16 8 7
9 4 6 9 2 6 8 1 9
8 5
1 2 9 2 3 10 7 6

9 4 7 1 2 10 7 6
1 6 3 2 4
3 1 5 6 9 6 3 2 4
2 9 2 3 5 4 3
1 7 4 2 10 8 7
8 3 6 6
4 8 1 5 5 1 8 1 9

10 7 6 6 10 6 8 7
6 3 2 2 5 1 8 6
5 3 2 5 8 9
4 1 7 4
9 4 6 9 1 4 8 1
8 5 6 2 4 1
1 2 9 2 3 1 5 7

4 5 1 1 2 5 1 8 1
9 1 7 1 2 2 10 7 9
9 4 5 6 9 2 6 3 8 7
1 7 8 4 3 6 10 6 1 5
1 8 2 9 2 3 5 4 3

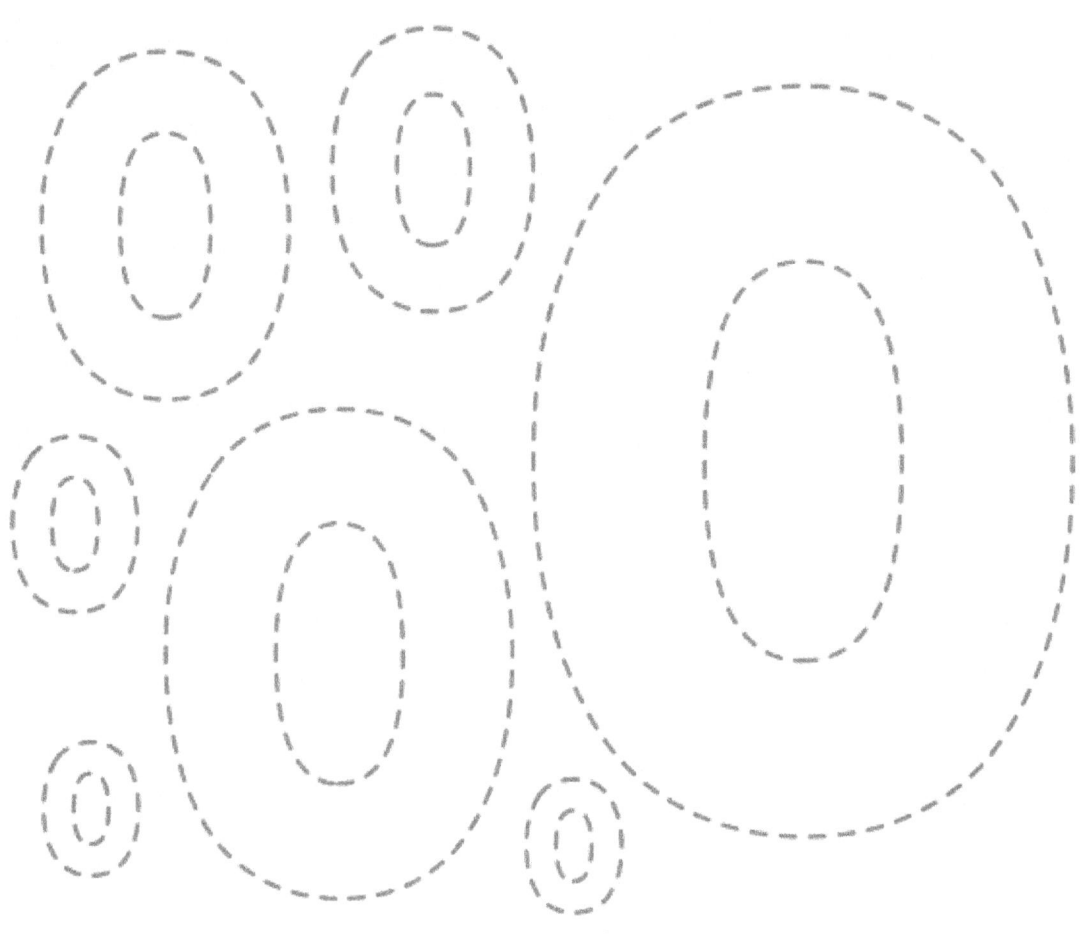

ラフ
ラフ
ラカフ

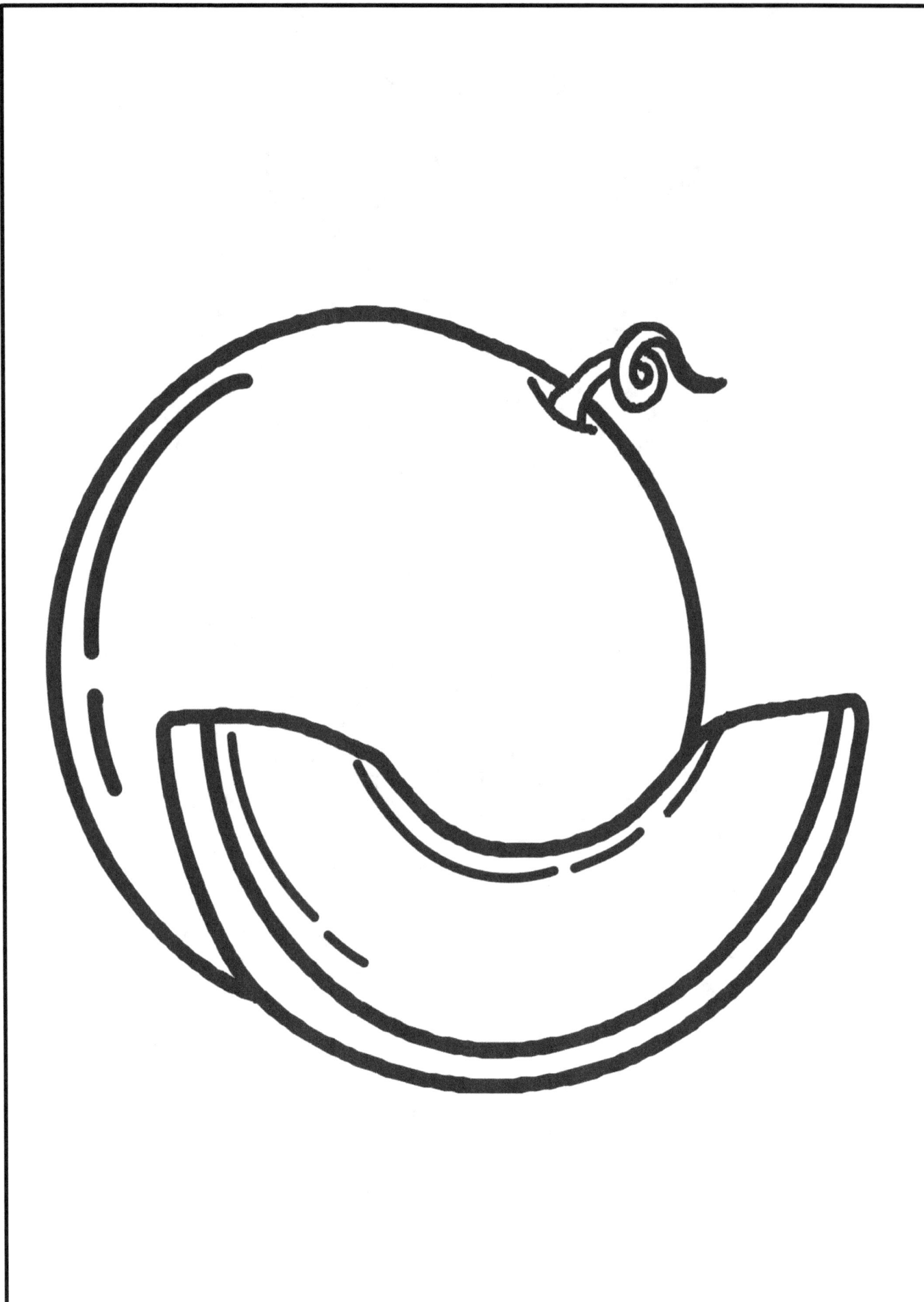

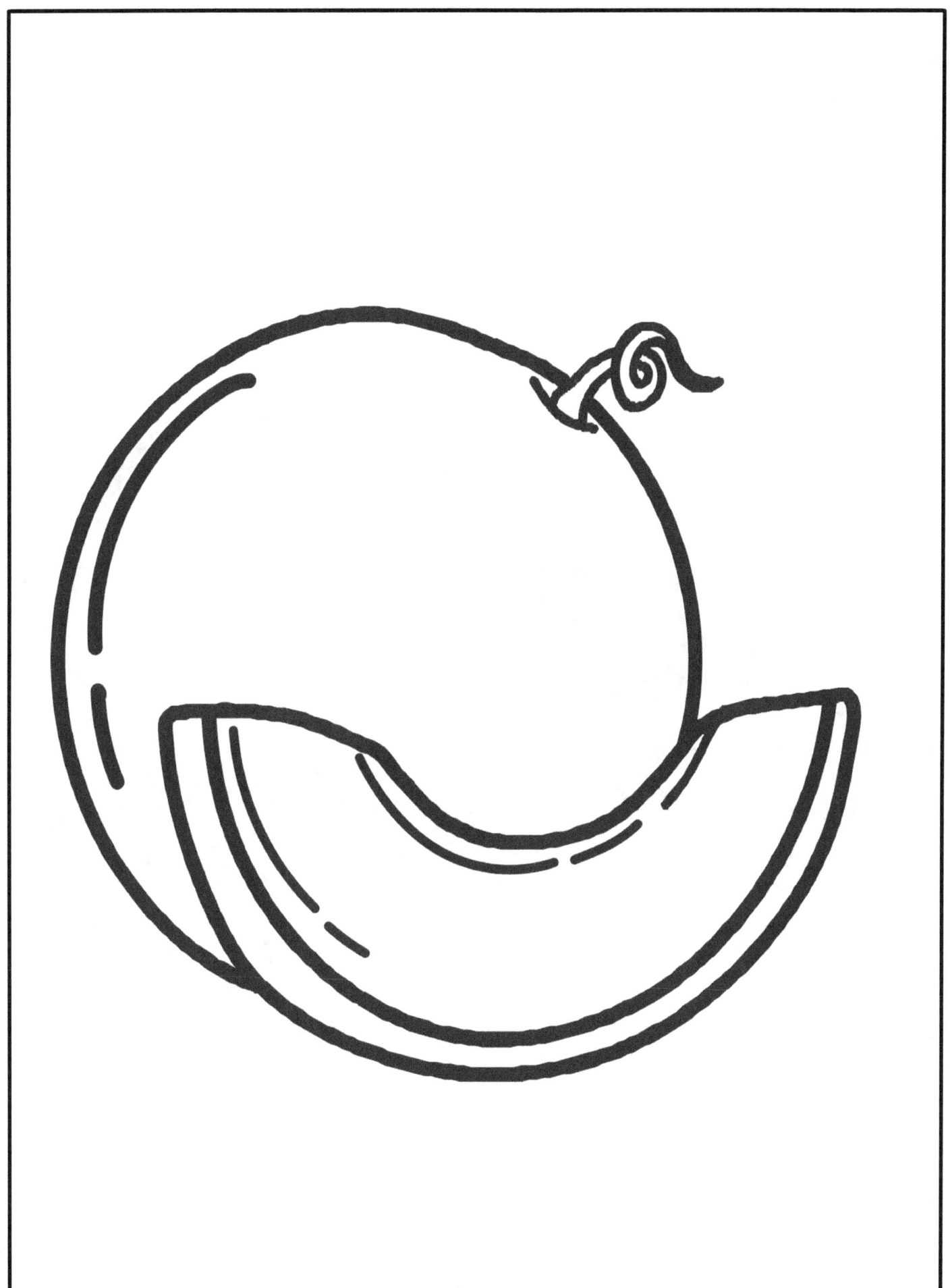